Les Amérindiens

James Wilson - Jean-François Viseur

Version française révisée par Marcel Fortin

Éditions Gamma - Les Éditions École Active

Titres de la collection

Les Inuits
Les Bédouins
Les aborigènes australiens
Les Maoris
Les Amérindiens
Les Kurdes
Les Tibétains
Les indigènes de la forêt tropicale
Les Saami de Laponie
Les San du Kalahari

L'édition originale de cet ouvrage
a paru sous le titre : *Native Americans*
Copyright © Wayland (Publishers) Ltd 1992
61, Western Road, Hove
East Sussex BN3 1JD, England
All rights reserved

Adaptation française de
Jean-François Viseur
Copyright © Éditions Gamma,
Paris-Tournai, 1995
D/1995/0195/1
ISBN 2-7130-1720-3
(édition originale :
ISBN 0-7502-0437-0)

Exclusivité au Canada :
Les Éditions École Active
2244, rue de Rouen
Montréal (Québec) H2K 1L5
Dépôts légaux : 1er trimestre 1995
Bibliothèque nationale du Québec
Bibliothèque nationale du Canada
ISBN 2-89069-451-8

Loi n° 49-956 du 16 juillet 1949 sur les publications
destinées à la jeunesse

Imprimé et relié à Lego en Italie

La carte en page 6 a été fournie par Peter Bull. Origine des photographies :
Brian et Cherry Alexander : pages 20, 26 et 41 ; Werner Forman Archive :
pages 18 et 22 ; David Graham : pages 5, 10, 12, 23, 42 et 43 ; Hulton-Deutsch
Collection : pages 8, 34 et 35 ; Impact : pages 11, 14 (Sally Fear), 17 (John Cole),
25, 31 *en bas* et 44 (Sally Fear) ; Peter Newark's Western Americana : pages 21,
22, 24, 36, 37 et 38 ; Photri : pages 4, 7, 13, 19, 27, 29 *les deux*, 30, 33 et 45 ;
Survival International : pages 15 (Bob Bartel), 28, 39 *en bas* (Bob Bartel) ;
James Wilson : pages 9, 39 *en haut* et 40 ; Zefa : page 31 *en haut*.

Sommaire

1 *Introduction*

Lorsque Christophe Colomb « découvrit le Nouveau Monde en 1492 », l'Amérique du Nord comptait déjà plusieurs millions d'habitants. La zone formant aujourd'hui les États-Unis et le Canada regroupait plus de 600 tribus ou nations différentes, des petites bandes de chasseurs errant dans les forêts froides du Nord canadien aux grandes communautés agricoles du Mississippi. Durant des milliers d'années, ces peuples ont développé des modes de vie parfaitement adaptés à leur environnement et entretenu des rapports étroits avec la terre, avec les animaux et avec les plantes.

Pour eux, l'arrivée des Européens fut une catastrophe. Au fil du temps, plusieurs millions d'Amérindiens furent victimes de maladies européennes, comme la varicelle ou la rougeole, contre lesquelles ils n'avaient aucune résistance. De plus, les survivants furent massacrés ou déplacés loin de leurs terres par les nouveaux arrivants. En 1890, ils avaient perdu presque toutes leurs terres et, de près de six millions en 1492, leur population était passée à environ 350 000 individus.

Amérindien ou Indien d'Amérique ?

Les premiers explorateurs européens appelèrent les habitants du Nouveau Monde « Indiens d'Amérique » (voir chapitre 8). Ce nom est resté et a été utilisé durant les cinq derniers siècles. Depuis peu, on préfère utiliser le terme « Amérindien » pour les désigner. Le mot « Indien » est en effet insultant pour les Amérindiens et, en l'entendant, les gens ne pensent qu'aux westerns hollywoodiens (voir chapitre 8). De plus, ce terme entraîne une confusion puisque les Indiens sont les habitants de l'Inde.

De nombreux autochtones sont habitués au mot « Indien » et l'utilisent eux-mêmes. Certains refusent le nouveau terme, estimant qu'un nouveau nom ne changera pas les attitudes ou les politiques à leur égard. De plus, la plupart se considèrent d'abord comme les membres d'une tribu ou d'une nation précise (tout comme les Européens se voient d'abord comme des Français ou des Polonais plutôt que comme des Européens).

Dans ce livre, nous utilisons le terme « Amérindien » pour désigner les premiers habitants du Canada et des États-Unis. Lorsque cela est possible, nous adoptons le nom des tribus ou des nations.

◄ *Sioux revêtus du costume traditionnel lors du pow-wow de la nation sioux, un événement où les diverses tribus sioux se rassemblent pour célébrer leur identité amérindienne.*

Aujourd'hui, il y a environ trois millions d'Amérindiens au Canada et aux États-Unis. Bien qu'ils ne soient plus massacrés par les colons ou les soldats, ils restent confrontés à de graves problèmes : santé précaire, racisme, menaces sur leurs dernières terres et destruction délibérée de leurs cultures traditionnelles. Leurs communautés, nommées réserves, sont parmi les plus pauvres de l'Amérique du Nord, avec un taux de chômage élevé et des conditions sociales effroyables. En raison de ces problèmes, plus de la moitié des autochtones vivent aujourd'hui hors des réserves, mais considèrent toujours leurs communautés tribales comme leur foyer et espèrent retourner y vivre un jour.

Les politiques gouvernementales laissent les autochtones dans la misère et la honte, mais n'ont pas réussi à détruire leur culture. Certains autochtones continuent à vivre de la chasse ou de l'agriculture. Beaucoup parlent toujours leur langue, affirment leurs croyances religieuses et gardent un rapport étroit avec la terre. Aujourd'hui, les Amérindiens sont déterminés à se battre pour préserver leurs dernières terres ainsi que leur somptueuse culture.

TERRITOIRES DES AMÉRINDIENS

Cette carte n'indique que les territoires des groupes autochtones dont il est fait mention dans ce livre, mais il en existe de nombreux autres. Certains groupes, comme les Oglalas, vivent dans des réserves que le gouvernement considère comme des terres leur appartenant. D'autres, comme les Inuits, luttent pour obtenir la reconnaissance de leurs territoires.

Liste servant de légende à la carte des territoires

1. Apaches
2. Arapahos
3. Cheyennes
4. Chippewas
5. Creeks
6. Cris
7. Crows
8. Dénés
9. Haidas
10. Hopis
11. Innus
12. Navahos
13. Nez-Percés
14. Oglalas (et autres tribus sioux)
15. Paiutes
16. Passamaquoddys
17. Pénobscots
18. Pueblos
19. Shawnees
20. Shoshones
21. Zuñis

2 Les Sioux Oglalas

Les Sioux sont un des plus grands peuples autochtones et sûrement l'un des plus connus. Ils sont divisés en trois groupes principaux : les Dakotas, les Nakotas et les Lakotas. Les Oglalas sont un sous-groupe des Lakotas.

La réserve oglala se situe à Pine Ridge, dans le Dakota du Sud. (Le Dakota du Nord et le Dakota du Sud sont deux États ; le mot « Dakota » correspond donc à un État ou à un peuple.) Ce territoire sauvage, avec ses plaines et ses passages balayés par le vent, se trouve dans la région des Grandes Plaines. Un froid vif y règne l'hiver, les températures descendant jusqu'à − 30 °C, alors qu'en été il fait très chaud. Une partie de la réserve se trouve dans les Badlands, une zone presque inhabitée où les vents violents et les extrêmes climatiques ont usé les rochers, leur donnant des formes étranges.

Les chasseurs des plaines

Il y a 150 ans, les Oglalas chassaient les troupeaux de bisons qui parcouraient les plaines de l'Amérique du Nord. Ces nomades voyageaient à cheval, transportant leurs biens sur une sorte de traîneau appelé « travois » et établissant leur camp là où la nourriture abondait.

▲ *Paysage des Badlands, une zone aride et sauvage faisant partie de la réserve de Pine Ridge. De nombreuses tribus furent forcées de s'établir sur les terres dont les Blancs ne voulaient pas.*

Les Oglalas dépendaient du bison non seulement pour la viande, mais aussi pour presque tout ce dont ils avaient besoin. Les peaux leur fournissaient des vêtements, des couvertures et les tentes – ou tipis – dans lesquelles ils vivaient. Les tendons et les os servaient d'outils et d'armes. Le crâne et les cornes étaient utilisés lors de cérémonies religieuses.

La vie des Oglalas était dure et exigeait beaucoup d'habileté et de courage. En plus de chasser constamment, les Oglalas étaient souvent en guerre contre d'autres tribus ou contre les colons européens. Les hommes jeûnaient et priaient les esprits pour qu'ils les aident à être de grands guerriers et de bons chasseurs, et qu'ils puissent protéger et nourrir leur peuple.

La vie des Oglalas était aussi en harmonie avec la nature et la beauté. Ces autochtones se sentaient liés à tout ce qui les entourait: les animaux, les plantes, la terre elle-même. Ils célébraient cette relation par des œuvres d'art magnifiques et des cérémonies telles que l'étonnante danse du Soleil (voir ci-contre).

Ce mode de vie prit fin durant la seconde moitié du 19e siècle, lorsque les États-Unis décidèrent que les Oglalas et les autres tribus des plaines devaient laisser leurs terres aux colons européens. Les Oglalas se défendirent farouchement et vainquirent l'armée à plusieurs reprises. Finalement, lorsque le gouvernement eut exterminé presque tous les troupeaux de bisons, ils durent se soumettre et s'établir dans la réserve de Pine Ridge, une minuscule parcelle de leur territoire ancestral.

La danse du Soleil

Une des cérémonies religieuses les plus importantes des Amérindiens est la danse du Soleil. Elle était traditionnellement pratiquée par de nombreuses tribus, surtout les peuples des plaines comme les Oglalas et les Cheyennes.

Durant la danse du Soleil, les danseurs se rassemblent pour remercier le Créateur (appelé *Wakan Tanka* chez les Oglalas) qui leur donne la vie et la nourriture. Ils doivent se préparer par des jeûnes et des prières. Parfois, ils se purifient par des rituels très douloureux.

De nos jours, la danse du Soleil est toujours pratiquée à Pine Ridge et dans d'autres réserves. De plus en plus de jeunes y participent.

La vie de nos jours

Aujourd'hui, la réserve abrite environ 20 000 Oglalas. La communauté est très pauvre, les terres ne suffisant plus pour vivre de la chasse et les emplois étant rares. La plupart des Oglalas n'ont pas d'emploi et doivent vivre des allocations gouvernementales. La violence ainsi que l'alcoolisme et l'utilisation de drogues constituent de graves problèmes. Beaucoup de jeunes Oglalas se suicident.

Les Oglalas vivent dans de petites fermes ou communautés éparpillées dans la réserve et disposent aujourd'hui de petites maisons à un étage ou de maisons mobiles. Mais celles-ci sont rares et certaines familles sont sans abri. D'autres doivent vivre dans des cabanes sans installations essentielles, comme l'eau courante.

Depuis peu, le gouvernement essaie d'améliorer la situation en faisant construire des bâtiments modernes dans certains villages. Ces nouvelles communautés possèdent l'électricité et l'eau courante, mais présentent également de sérieux problèmes sociaux. Les maisons sont souvent serrées les unes contre les autres et leurs habitants expriment parfois leur désespoir par des actes de vandalisme.

La commémoration de la bataille de Wounded Knee

En décembre 1890, plus de 300 Lakotas – hommes, femmes et enfants –, menés par le chef Big Foot, furent massacrés par l'armée américaine à Wounded Knee, dans la réserve de Pine Ridge. Cent ans plus tard, des centaines de cavaliers lakotas refirent le dernier voyage de Big Foot et de ses partisans. Durant six jours, ils chevauchèrent par des températures de − 15 °C, dormant à la belle étoile. Un des cavaliers raconte : « Nous délivrons les esprits des morts et séchons nos larmes. Nous commençons à rebâtir notre nation, afin de pouvoir affronter ensemble les problèmes du présent et du futur. »

Le bureau des Affaires indiennes

La plupart des problèmes des Oglalas proviennent du gouvernement américain. Durant la majeure partie de ce siècle, ce dernier a essayé de détruire la culture des diverses tribus amérindiennes et de forcer les peuples, comme les Oglalas, à s'intégrer et à devenir de vrais Américains. Au lieu d'aider les autochtones à

▲ *Communauté dans la réserve de Pine Ridge. Même si de nombreux Oglalas ont aujourd'hui des maisons modernes, certains vivent toujours dans des huttes en bois ou des maisons mobiles sans aménagements tels que l'eau courante.*

Les Black Hills

Pour les Oglalas et les autres tribus sioux, les Black Hills (en français, les collines noires) du Dakota du Sud et du Wyoming sont le centre de l'univers: « le cœur de toute chose ». Ces collines, appelées *Paha Sapa* en lakota, contiennent de nombreux sites sacrés où les Sioux prient et tiennent leurs cérémonies. Les Sioux se croient responsables de la protection des *Paha Sapa* et de la faune qui y vit. Les Black Hills furent volées aux Sioux lorsque de l'or y fut découvert il y a une centaine d'années. Les Sioux tentent toujours de les récupérer (voir chapitres 5 et 9).

▼ *Bien que les bisons aient été presque tous exterminés par les soldats et les chasseurs américains au siècle dernier, trois troupeaux occupent encore Pine Ridge.*

devenir autosuffisants, il les a encouragés à vendre ou louer leurs terres aux ranchers américains et à chercher du travail en ville.

Les Oglalas n'ont pu ni résister à cette politique ni la changer, le gouvernement étant trop puissant. La tribu élit son propre conseil pour diriger la réserve, mais celui-ci ne peut pas prendre de décisions importantes sans l'accord du bureau des Affaires indiennes (B.I.A.) qui dépend du gouvernement. Ce dernier contrôle aussi la plupart des emplois de Pine Ridge et paie les allocations des sans-emploi.

Le gouvernement s'est servi de ce grand pouvoir pour encourager les Oglalas voulant s'intégrer et pour punir ceux qui essayaient de préserver leur propre culture. Dès lors, la communauté fut souvent cruellement divisée.

Les traditions

Malgré cette pression, les Oglalas ont maintenu certains aspects de leur culture traditionnelle. Toutes les familles de la réserve élèvent des chevaux, comme leurs ancêtres il y a 150 ans. Les enfants apprennent très tôt à monter à cheval et deviennent d'excellents cavaliers. De nos jours, cette aptitude est souvent utilisée lors d'événements comme des rodéos, où les cavaliers doivent rester en selle sur un cheval sauvage le plus longtemps possible.

Les bisons sont toujours importants pour les Oglalas, qui possèdent désormais trois troupeaux. La viande est soit mangée par la communauté, soit vendue, et les crânes sont utilisés lors des cérémonies traditionnelles.

Au début du siècle, les missionnaires chrétiens essayèrent d'étouffer la religion des Oglalas, et des cérémonies comme la danse du Soleil (voir page 8) furent interdites. Les chefs spirituels ont cependant continué à pratiquer leurs croyances en secret et, aujourd'hui, la religion ancestrale renaît. De nombreux Oglalas utilisent une hutte remplie de vapeur, une sorte de sauna, pour prier et se purifier. Des milliers d'entre eux participent à une ou plusieurs danses du Soleil, pratiquées partout dans la réserve durant l'été.

Chaque année au mois d'août, des milliers d'habitants de Pine Ridge et d'autres réserves se rassemblent pour le pow-wow de la nation oglala. Il s'agit ici d'une rencontre purement sociale. Durant trois jours, des danseurs revêtus de coiffures et de costumes colorés exécutent des musiques et des chants traditionnels. Les gens ont ainsi l'occasion de rencontrer leurs amis et parents d'autres communautés.

Oglala ou Américain ?
De nombreux jeunes Oglalas ne savent pas s'ils sont Lakotas ou Américains. D'une certaine manière, leur vie est la même que celle d'autres jeunes Américains. Ils portent les mêmes vêtements (excepté durant les cérémonies et les pow-wow) et ont la même alimentation. Ils vont chaque jour à l'école et apprennent les mêmes matières. Lorsqu'ils rentrent chez eux, ils regardent la télévision américaine. Pourtant, ils grandissent en apprenant qu'ils sont différents.

À la maison, la plupart des enfants sont entourés par des membres plus âgés de leur famille qui parlent le lakota et racontent des histoires du temps où Lakotas et Américains étaient des ennemis mortels. Par des cérémonies comme la danse du Soleil, ils apprennent des croyances ancestrales s'opposant aux valeurs américaines. Quand ils se rendent dans des villes voisines, ils constatent à quel point les Américains peuvent être riches. De plus, ils sont souvent confrontés au racisme.

Pour résoudre ces problèmes, les Oglalas essaient de renforcer leur propre culture. La tribu a repris la gestion des écoles de la réserve et tente de s'assurer que tous les jeunes sachent parler leur propre langue et connaissent leurs traditions. Elle a aussi créé sa propre station de radio, *KILI*, qui émet en lakota et en anglais, et propose un mélange de musique traditionnelle lakota et de musique américaine.

◀ *Aujourd'hui, les écoles des réserves sont souvent gérées par les tribus elles-mêmes. La plupart enseignent aux enfants leur culture traditionnelle et leur langue, ainsi que des sujets communs aux jeunes Américains, tels que l'anglais et les mathématiques.*

Qui sont les Amérindiens?

Personne ne sait avec certitude d'où viennent les Amérindiens, ni depuis quand ils occupent l'Amérique du Nord. Leurs plus proches parents semblent être des peuples tels que les Tibétains, ce qui suppose une origine asiatique. La plupart des ethnologues pensent que les ancêtres des Amérindiens étaient des chasseurs sibériens ayant émigré en Alaska durant la dernière période glaciaire, il y a entre 25 000 et 10 000 ans. Le niveau des eaux étant plus bas, une bande de terre reliait les deux continents. Les Sibériens purent ainsi passer d'Asie en Amérique. Ensuite, après la fonte des glaces à la fin de la période glaciaire, le niveau des mers remonta et recouvrit les terres, coupant l'Amérique du reste du monde.

Toutefois, les tribus ne croient pas cette histoire. Selon leur propre tradition, les Amérindiens disent occuper l'Amérique du Nord depuis plus de 25 000 ans. Des découvertes archéologiques d'un âge plus avancé semblent confirmer cette hypothèse. Quelques experts estiment même que les autochtones ont raison. Ils auraient pu entrer sur le continent américain il y a 75 000 ans lors d'une précédente période glaciaire.

Le continent nord-américain

L'Amérique du Nord est un vaste continent qui s'étend de l'Arctique aux tropiques et est divisé en deux : le Canada et les États-Unis. Ensemble, ces terres couvrent près de 18 millions de kilomètres carrés; c'est plus d'une fois et demie la taille de l'Europe.

Cette immense région présente une vaste gamme de climats et de caractéristiques géographiques : la toundra arctique (le sous-sol y est gelé en permanence et aucun arbre ne pousse), de denses forêts de pins, des plaines herbeuses, de riches vallées fluviales, des montagnes boisées et des déserts brûlants.

Alors qu'ils s'installaient sur le continent, les Amérindiens adaptèrent leur mode de vie à ces diverses conditions. Certains restèrent chasseurs, d'autres apprirent à pêcher ou à cultiver des céréales, comme le maïs, aujourd'hui consommées dans le monde entier.

▼ *L'Amérique du Nord présente une géographie et un climat variés: montagnes arctiques, forêts, déserts et plaines. Les Amérindiens occupèrent jadis toutes ces régions, adaptant leur style de vie à l'endroit où ils vivaient.*

Vers 1490, lorsque les premiers Européens atteignirent l'Amérique, les communautés amérindiennes prospéraient sur tout le continent, avec des modes de vie différents et des langues variées (certaines langues étaient aussi éloignées que l'anglais et le chinois).

Les Amérindiens aujourd'hui

À la suite de la colonisation européenne (voir chapitre 5), les sociétés amérindiennes ont presque totalement disparu de certaines régions. Ainsi, le long des côtes est et ouest des États-Unis, des centaines de tribus ont été exterminées ou réduites à de minuscules communautés qui ont perdu leur langue, leur mode de vie traditionnel et presque toutes leurs terres.

La plupart des tribus survivantes sont installées dans l'ouest et le sud-ouest des États-Unis, en Alaska et au Canada. Ce sont en majorité des tribus qui vivaient jadis de la chasse, comme les Oglalas. De nos jours, elles n'ont plus assez de terres pour chasser et, bien que préservant leur culture au maximum, elles ne vivent plus de la même manière.

Dans certaines régions, cependant, les tribus peuvent toujours respecter un mode de vie plus ou moins traditionnel.

Les Pueblos

Parmi les tribus les plus traditionnelles figurent les Pueblos, qui vivent dans le désert sec et chaud du sud-ouest des États-Unis. Cette

▲ *Les tribus pueblos du Nouveau-Mexique ont conservé leurs traditions au maximum. Bien avant l'arrivée de Christophe Colomb, elles vivaient déjà dans des maisons faites d'adobes, comme dans ce village.*

région possède un des climats les plus rudes de l'Amérique du Nord : les pluies sont rares et les températures atteignent parfois 45 °C ou plus en été.

Si vous visitez le Sud-Ouest, vous pourrez voir sur les pentes des collines des pueblos : des groupes de maisons faites d'adobes et munies d'un toit plat. Depuis plus de 1 000 ans, ces villages abritent diverses tribus, dont les Hopis et les Zuñis.

Les Pueblos sont des fermiers qui ont développé des techniques ingénieuses pour cultiver le maïs, les haricots, les courges et d'autres légumes dans le désert. Ils suivent le cycle des saisons, et des cérémonies spectaculaires marquent les périodes importantes de l'année, comme le début du printemps. Durant ces cérémonies, qui peuvent durer neuf jours, le centre de chaque village se remplit de danseurs aux costumes sophistiqués. Les plus impressionnants sont souvent les *kachinas,* qui portent des masques fantastiques et représentent les messagers des dieux.

Les peuples du Nord

Le Nord canadien est une vaste région de bois, de rivières et de lacs, où l'été est trop court et l'hiver trop froid pour cultiver les terres. Là aussi, les Amérindiens ont gardé un mode de vie traditionnel.

Avant l'arrivée des Européens, les tribus de la région – par exemple les Innus, les Cris et les Dénés – vivaient de la chasse et surtout de gros gibier comme le wapiti (grand cerf du Canada), l'orignal (élan du Canada) et le caribou (renne du Canada). Aujourd'hui, la plupart chassent toujours. De plus, elles piègent les animaux pour leur fourrure. Selon la tradition, les peuplades du Nord ne restaient pas longtemps au même endroit. Les autochtones de ces régions erraient sur leur territoire de chasse, utilisant leur connaissance du terrain

▲ *Jeunes Innus. Lorsque les marchands européens atteignirent l'Amérique, ils encouragèrent les autochtones, dont les Innus, à piéger les animaux pour leur fourrure. Certaines tribus du Nord vivent toujours partiellement de cette activité. Cependant, de nos jours, ce mode de vie est menacé parce que bon nombre d'Européens et d'Américains trouvent ce commerce cruel.*

pour trouver de la nourriture. En été, ils campaient près de lacs ou de rivières pour pêcher et rencontrer leurs amis.

Depuis la Seconde Guerre mondiale, le gouvernement canadien essaie de forcer les peuples du Nord à s'établir dans des villages. Néanmoins, ces autochtones souffrent de graves problèmes et la plupart préfèrent leur ancien mode de vie. Certains continuent d'emmener leur famille dans la nature ; là, ils peuvent survivre grâce à la chasse et transmettre leur culture à leurs enfants.

Les valeurs et les croyances traditionnelles

Comme nous l'avons vu, les Amérindiens formaient des sociétés séparées, avec des langues, des cultures et des modes de vie assez différents. Bien sûr, leurs valeurs et leurs croyances variaient aussi beaucoup d'un groupe à l'autre et d'une région à l'autre.

Les croyances des tribus se transmettaient de génération en génération non pas au moyen de l'écriture, mais au travers de mythes et de légendes. En écoutant de tels récits, les enfants apprenaient qui ils étaient et comment ils devaient se comporter.

Chaque tribu a une légende racontant son origine. Ainsi, certaines tribus d'agriculteurs croient qu'elles ont quitté un monde souterrain pour rejoindre la surface de la terre. D'autres pensent qu'elles viennent du ciel.

Pourtant, malgré ces différences, la plupart

La répartition des terres

À la fin des guerres des Plaines, au 19e siècle, le gouvernement des États-Unis décida que les autochtones devaient commencer à vivre comme les autres citoyens américains.

Le *Dawes Act* de 1887 obligea les tribus à diviser les réserves en lopins de terre individuels. Chaque famille reçut un lopin et fut encouragée à le cultiver. Les surplus de terre étaient ensuite vendus à des colons.

De nombreuses tribus ne croyaient pas que la terre pouvait être possédée par des individus. Elles ont tenté tout ce qu'elles pouvaient pour empêcher leurs réserves d'être divisées, mais le gouvernement ignora leurs protestations. L'armée des États-Unis fut parfois appelée pour forcer une tribu à accepter la distribution des lots.

Cette répartition territoriale permit au gouvernement de dépouiller les autochtones de leurs terres. Alors qu'en 1886, les tribus possédaient 56 millions d'hectares, il ne leur en restait plus que 21 millions en 1934.

La légende de l'origine du peuple tewa

Chaque tribu a sa propre légende racontant sa naissance. Celle-ci raconte l'origine du peuple tewa, de la nation des Pueblos :

Nos ancêtres sont sortis de la terre. Auparavant, ils vivaient dans un lac. Le monde du lac était comme celui de la surface, mais plus sombre. Les esprits, les gens et les animaux vivaient ensemble et la mort n'existait pas.

Parmi les esprits se trouvaient les deux mères du peuple tewa, la Femme au Maïs Bleu et la Vierge au Maïs Blanc. Elles demandèrent à l'un des esprits de partir à la recherche d'un moyen de quitter le lac.

Après maintes aventures, l'esprit revint. Les Tewas se réjouirent. Ils quittèrent le lac et atteignirent la surface de la terre. Ils entamèrent un long voyage, s'arrêtant à douze endroits en cours de route. Finalement, ils atteignirent le territoire qu'ils occupent aujourd'hui.

---

des autochtones partagent certaines croyances sur le monde et la manière d'y vivre.

La planète

Contrairement aux Européens, la majorité des Amérindiens ne considèrent pas la planète comme une masse froide et morte que l'on peut exploiter, mais plutôt comme un être vivant dont ils sont un élément. Beaucoup appellent la planète « mère » parce que c'est sa chair qui donne la vie à toute chose.

Avant qu'ils ne soient forcés de s'établir dans les réserves, la plupart des autochtones ne considéraient pas la terre comme un objet pouvant être divisé et détenu par des individus. Comme le dit le chef spirituel actuel des Oglalas, Birgil Kills Straight : « La terre ne nous appartient pas. Nous lui appartenons. »

Les Amérindiens croient que la terre devrait être chérie et respectée au même titre qu'une mère. Ils sont souvent ébahis par la manière dont les Européens et les Américains traitent le sol. À la fin du siècle dernier, lorsque le gouvernement lui suggéra de cultiver la terre, Smohalla, un chaman wanapam, répondit : « Vous me demandez de labourer le sol. Dois-je prendre un couteau et tailler le sein de ma mère ? Si c'est le cas, à ma mort, elle ne me laissera pas reposer en son sein. »

Les animaux, les plantes et les oiseaux

Pour presque tous les autochtones, les animaux, les plantes et les oiseaux sont aussi les enfants de la terre, et donc de leur famille. Comme la terre elle-même, ils peuvent être utilisés, mais ils doivent aussi être traités avec respect. Ainsi, lorsque les Pueblos enlèvent une branche de sapin pour un de leur rituel, ils prient le Créateur, expliquant leur intention de ne pas endommager l'arbre, mais de l'utiliser pour un rituel sacré.

Les Amérindiens considèrent les animaux qu'ils chassent comme des membres de leur famille. Dans certaines tribus, le chasseur dit une prière pour le gibier avant de le tuer, par exemple : « Pardonne-moi, mon frère, mais ma famille doit manger. » Les autochtones croient qu'au moment de leur mort, leur corps rendra à la terre ce qu'ils ont tué ou mangé. Ainsi, de nouvelles générations d'hommes, de plantes et d'animaux pourront vivre.

Esprits, chamanisme et sorcellerie

La plupart des autochtones croient qu'au-delà du monde physique des rochers, des arbres et des animaux, il existe un monde des esprits. Selon leurs croyances, la terre elle-même a une âme, comme toutes les créatures qui y vivent. C'est ce monde spirituel qui rassemble toute la création.

La recherche d'une révélation personnelle

Jadis, dans de nombreuses tribus, les adolescents partaient à la recherche d'une révélation. Ils s'en allaient seuls dans un endroit isolé pour jeûner et prier, parfois durant plusieurs jours. À la fin de leur retraite, la plupart avaient une vision. Souvent, il s'agissait d'un animal ou d'un oiseau. Cette vision était censée leur conférer un pouvoir spirituel et leur dire comment se comporter en adulte.

Durant le reste de leur vie, ceux qui avaient vécu cette expérience devaient partager un lien spécial avec l'animal ou l'oiseau qu'ils avaient vu en songe. Ainsi, un garçon ayant vu un loup appellerait le pouvoir de ce dernier durant une chasse, une bataille ou en cas de besoin.

Bien que ce rituel ait presque disparu dans de nombreuses régions, quelques communautés traditionnelles le pratiquent toujours.

La photo ci-dessous montre Chief Mountain, dans le nord du Montana. C'est là que se réunissent les Blackfoot pour méditer et prier.

Pour les autochtones, il est vital que tous les esprits vivent en harmonie les uns avec les autres. Les Amérindiens estiment que l'homme peut préserver cette harmonie en vivant selon les règles établies par le Créateur. En général, cela signifie qu'il doit prier et observer certains rituels, respecter tout ce qui vit (les animaux, les végétaux, la terre) et essayer d'être un bon membre de sa tribu ou de sa nation. Les autochtones pensent que la bravoure, la modestie et la générosité sont des valeurs primordiales. L'orgueil, l'agressivité ou le fait de ne pas partager sa nourriture sont des comportements considérés comme très négatifs. En ne respectant pas ces règles, les hommes mécontentent le monde des esprits. Quand cela se produit, on

voit apparaître des problèmes tels que la famine, la sécheresse et la maladie.

La plupart des communautés ont un chaman (en général de sexe masculin) qui détient des pouvoirs spéciaux et peut restaurer l'harmonie spirituelle. En chantant et en frappant sur un tambour, le chaman voyage jusqu'au monde des esprits pour découvrir pourquoi telle personne est malade ou pourquoi la nourriture vient à manquer. Par les rituels, les cérémonies ou (en cas de maladie) la médecine ancestrale, il essaie de résoudre les problèmes en rétablissant l'équilibre. Dans certaines tribus, comme les Navahos et les Apaches, ces cérémonies peuvent durer douze jours et douze nuits.

Jadis, un chaman pouvait être craint ou respecté. Beaucoup avaient peur de la magie et croyaient qu'un mauvais chaman était capable d'utiliser ses pouvoirs pour jeter des sorts sur les gens autant que pour les soigner.

Les Européens découvrirent l'existence de l'Amérique quand Colomb atteignit les Caraïbes en 1492. Peu après, des marchands européens débarquèrent sur le continent.

Les marchands

Les premiers marchands firent du troc avec les tribus de la côte est, échangeant des outils en fer et des armes contre des peaux de castor.

Les peuples de la côte est dépendirent vite des outils européens, plus efficaces que les leurs. Le vieil équilibre entre les peuples fut détruit lorsque les tribus commencèrent à se faire concurrence pour obtenir davantage d'outils et d'armes ainsi que pour contrôler le commerce des fourrures. Les marchands européens s'aventurant toujours plus à l'ouest, de plus en plus de tribus furent touchées.

Les maladies

Les maladies furent pour les autochtones un problème encore plus sérieux. Après des milliers d'années d'isolement, les Amérindiens n'avaient pas de résistance naturelle aux maladies européennes comme la rougeole, la variole ou le rhume. Sans même s'en rendre compte, du moins au début, les marchands et les explorateurs amenèrent des épidémies qui se répandirent de tribu en tribu. Parfois, la quasi-totalité d'une communauté pouvait disparaître lors d'une seule épidémie.

Les colons

Lorsqu'au 17e siècle, les colons commencèrent à arriver en masse, les maladies avaient déjà tué des centaines de milliers d'autochtones sur la côte est. Dès lors, les colons pou-

◀ *Cette Crie du Canada prépare une peau de caribou qui sera découpée pour confectionner des mocassins. Certains peuples du Nord canadien et de l'Alaska ont toujours un mode de vie traditionnel de chasse, même si le développement économique leur rend la vie plus difficile. Les chasseurs utilisent non seulement la viande, mais aussi toutes les parties des animaux qu'ils abattent.*

◄ *Des images romantiques telles que celle-ci encouragèrent des millions d'Européens à venir dans l'Ouest pour y trouver une vie meilleure. Ils pensaient pouvoir s'établir là où ils le désiraient, mais les terres étaient souvent déjà occupées par les autochtones.*

vaient s'établir sur de vastes régions désormais inhabitées.

La plupart des survivants étaient trop désemparés pour se défendre contre les Européens. Dans certains cas, ils donnèrent des terres et de la nourriture aux colons parce que leur propre population avait été exterminée et ils pensaient que ces derniers les aideraient. Ils ne réalisaient pas que, quelques années plus tard, ils seraient encore moins nombreux et que le nombre des colons ne ferait qu'augmenter.

La différence d'attitude des Amérindiens et des Européens par rapport à la terre provoqua de nombreux conflits et malentendus. La plupart des colons anglais pensaient pouvoir s'emparer des terres où il n'y avait ni maisons ni champs. Ils prirent donc souvent des terres sur lesquelles les autochtones chassaient.

Par ailleurs, bon nombre d'Amérindiens pensaient pouvoir encore utiliser leurs terres après avoir permis aux colons européens de s'y installer. Ils ne pensaient pas à la terre en terme de propriété privée. C'est pourquoi ils furent surpris et mécontents lorsque les colons installèrent des clôtures sur leurs terres et leur interdirent le passage. Souvent, ces malentendus dégénérèrent en combats qui se terminèrent souvent par le massacre des autochtones.

Alliés et ennemis

Durant environ trois siècles après l'arrivée des Européens en Amérique, les Britanniques, les Français et les Espagnols luttèrent pour le contrôle du continent. La plupart des combats furent livrés par les Amérindiens, payés ou menacés pour aider l'une ou l'autre des puissances européennes. Les généraux européens encourageaient les tribus à exterminer les autres tribus afin de sauver la vie de leurs propres soldats et d'obtenir davantage de terres pour les colons. Vainqueurs ou non, les autochtones étaient toujours perdants. Les vainqueurs trahissaient souvent leurs alliés et punissaient toujours leurs ennemis. Ainsi, au moins à une occasion, des couvertures infectées par la variole furent délibérément envoyées à une tribu vaincue pour l'exterminer.

▲ *De nombreuses tribus, dont les Oglalas, ne commencèrent à chasser le bison dans les plaines que lorsqu'elles furent repoussées vers l'ouest par le nombre croissant d'Européens arrivant de l'est.*

John Collier

Lorsque Franklin Delano Roosevelt fut élu président des États-Unis en 1933, il nomma John Collier commissaire des Affaires indiennes. Bien que, depuis, il ait été critiqué pour son manque de compréhension à l'égard de certaines traditions amérindiennes, John Collier tenta réellement d'aider les autochtones.

Il institua ce que l'on a appelé l'*Indian New Deal*. Parmi les mesures figuraient la suppression des lotissements (voir page 16); l'*Indian Reorganization Act*, qui permettait aux indigènes d'une réserve d'avoir une autonomie limitée; des prêts octroyés pour les commerces tenus par des autochtones et le droit de racheter des terres perdues lors de la mise en place du système de lotissements.

Les missionnaires

L'Europe envoya aussi des missionnaires pour convertir les tribus au christianisme. Ces derniers estimaient que les autochtones étaient des « sauvages » qui adoraient des démons et seraient damnés s'ils ne devenaient pas chrétiens.

Les Amérindiens respectaient la religion des autres peuples et, au départ, les tribus accueillirent les missionnaires, les prenant pour de saints hommes munis de pouvoirs spirituels, tout comme leurs chamans. Il fut bien vite évident que les missionnaires attendaient d'eux qu'ils abandonnent leurs croyances et leur mode de vie et vivent comme des Européens.

Le travail des missionnaires provoqua des divisions importantes dans bien des tribus. Certaines refusaient en effet de se convertir et insistaient pour garder leur ancien mode de vie. D'autres acceptaient cette religion, pensant qu'elle les protégerait des nouvelles maladies contre lesquelles leurs propres chamans et leurs cérémonies semblaient impuissants.

La frontière

La présence européenne progressant davantage en Amérique du Nord, les tribus furent massacrées ou repoussées vers l'ouest.

Parmi les tribus qui furent repoussées figurent les Lakotas, chassés de leur territoire du Minnesota aux 17e et 18e siècles par d'autres tribus. À la même époque, ils achetèrent des fusils et des chevaux à des marchands européens. Ce changement leur permit de partir vers les plaines et d'adopter un mode de vie axé sur la chasse aux bisons.

Après l'indépendance des États-Unis, en 1783, des millions de nouveaux immigrants venant d'Europe envahirent l'Amérique du Nord. Les colons allant vers l'ouest, le gouvernement acheta ou vola de plus en plus de terres aux autochtones. En général, les tribus furent forcées de signer des traités par lesquels elles donnaient une partie de leur territoire en échange de promesses d'aide et de protection. Elles pensaient que ces accords dureraient éternellement mais, en général après quelques années, le gouvernement décidait que davantage de terres étaient nécessaires et revenait sur sa parole. Les tribus étaient

---

Batailles et massacres

En 1866, un groupe de Sioux, d'Arapahos et de Cheyennes tua 80 soldats américains venus les attaquer, commandés par le capitaine William Fetterman. Les historiens américains nomment cet incident le « massacre Fetterman ».

Presque 24 ans plus tard, la cavalerie américaine massacra à Wounded Knee plus de 300 Sioux non armés, hommes, femmes et enfants. Dans la plupart des livres d'histoire, ce carnage est nommé « bataille ». Comme le dit un autochtone: « Lorsque des Blancs tuent des Amérindiens, c'est une bataille. Lorsque nous tuons des Blancs, c'est un massacre. »

Depuis peu, certains historiens essaient de redonner une image plus équilibrée de la réalité, mais de nombreux autochtones sentent qu'ils sont toujours considérés comme des « sauvages sanguinaires ».

▲ Cette photo montre le mémorial rendant hommage aux autochtones massacrés à Wounded Knee en 1890.

alors obligées de signer un nouveau traité cédant davantage de terres. Les agents du gouvernement auraient même fait de fausses promesses aux autochtones pour les persuader de signer. Si cela ne marchait pas, ils contre-faisaient parfois eux-mêmes des signatures.

La guerre pour l'Ouest

En 1848, de l'or fut découvert en Californie, sur la côte Pacifique. Immédiatement, des milliers de chercheurs d'or envahirent la région. Ils y massacrèrent les autochtones pour s'amuser et rasèrent des villages entiers. En moins de 30 ans, la population indigène de la Californie chuta de plus de 80 %.

La route de l'Ouest traversait les Grandes Plaines. Les immenses convois de chariots des colons dérangeaient les troupeaux de bisons. Les Lakotas et les autres tribus des plaines durent se battre pour conserver leurs terres et leur mode de vie.

Bien que moins nombreuses, les tribus des plaines luttèrent avec habileté et courage. À un moment, elles obligèrent même le gouvernement à signer un traité de paix et exigèrent que les colons se retirent de leur territoire. Par la suite, le gouvernement décida que le seul moyen de les vaincre était de les affamer; il envoya des chasseurs et des soldats décimer les troupeaux de bisons. Entre 1850 et 1910, le nombre de bisons passa de 60 millions à quelques centaines de bêtes.

Finalement, les tribus des plaines et les autres tribus libres durent s'établir dans des réserves où elles étaient presque traitées comme des prisonniers de guerre. La dernière « bataille » pour l'Ouest eut lieu en 1890, lorsque 300 Lakotas – hommes, femmes et enfants – furent massacrés par l'armée à Wounded Knee, dans la réserve de Pine Ridge.

Le chef Red Cloud mena les Lakotas durant la guerre de 1860 et obligea l'armée à se retirer du territoire lakota. Lorsque de l'or fut découvert dans les Black Hills, le gouvernement rompit le traité que les Sioux avaient obtenu. Red Cloud déclara: «Ils ont fait des promesses, plus de promesses que je peux m'en souvenir, mais ils n'en ont jamais tenu qu'une seule: ils ont pro-mis de prendre nos terres et ils les ont prises. » ▶

Les menaces faites aux terres et aux ressources des autochtones

Aujourd'hui, les autochtones ne possèdent plus qu'une minuscule portion de l'Amérique du Nord. Les réserves et les terrains réservés couvrent moins de 3% de tout le territoire du Canada et des États-Unis. Il existe aussi quelques régions éloignées du nord du Canada où les autochtones ne vivent pas dans des réserves et continuent de chasser et de poser des pièges.

En général, les communautés amérindiennes vivent dans des régions isolées ou sur les terres pauvres dont les colons n'ont pas voulu. Pourtant, la demande de ressources augmentant, même ces terres sont menacées par divers types de développement.

Les pénuries d'eau
Le problème le plus important est le manque d'eau. Certaines des plus grandes tribus, dont les Pueblos, les Apaches et les Navahos (la plus grande des tribus, avec une réserve de la taille de la Belgique), vivent dans le désert du sud-ouest. De plus en plus de gens s'installant dans la région, les autochtones ont dû partager leurs maigres réserves d'eau avec les fermiers et les villes en pleine croissance comme Phoenix et Tempe.

Dans certains cas, les Américains ont détourné les rivières des réserves vers leurs propres communautés. Dès lors, la faune et la flore dont dépendaient les tribus ont commencé à disparaître. Ainsi, à Pyramid Lake, dans l'État du Nevada, une communauté de Paiutes qui vit depuis toujours de la pêche a vu le niveau de son lac baisser de plus de 30 m depuis le début du siècle. Une des espèces de poisson du lac s'est éteinte et le cui-ui, un

◀ Ces Taos de la nation pueblo, au Nouveau-Mexique, travaillent au renforcement des berges d'une rivière. Depuis un millier d'années ou plus, les Pueblos ont survécu en utilisant habilement des ressources en eau limitées. Aujourd'hui, leur mode de vie est menacé par les communautés américaines qui prennent de plus en plus d'eau pour leurs villes et leurs entreprises.

poisson qui n'existe nulle part ailleurs, est menacé d'extinction.

La pénurie d'eau affecte aussi d'autres régions, comme celle des plaines où vivent des tribus lakotas, dont les Oglalas. Sans eau, les Oglalas sont quasiment dans l'impossibilité de développer des activités comme l'agriculture et la sylviculture. Certains autochtones craignent que, le problème s'aggravant, leur terre ne soit réduite à un désert où personne ne peut plus vivre.

Des barrages

Pour certains autochtones, notamment dans le Nord canadien, l'eau engendre d'autres problèmes. Avec l'aide du gouvernement, les compagnies produisant de l'électricité construisent des barrages pour générer de l'électricité hydraulique destinée à gens vivant à des milliers de kilomètres. Ce faisant, elles inondent d'immenses territoires de chasse ancestraux.

Le projet de la baie James, au nord du Québec, illustre bien le problème. Les Cris et les Inuits de la région ont toujours vécu de la chasse et de la pêche. Ce mode de vie est devenu plus difficile en 1975, lorsqu'une partie des terres fut inondée. Les autochtones perdirent un terrain de chasse précieux et la végétation de la zone inondée, en se décomposant, commença à empoisonner les poissons des rivières et des lacs.

Un nouveau projet, s'il est réalisé, inondera la majeure partie du territoire cri restant. Les Cris estiment qu'ils ne survivront pas à ce désastre. En 1992, le Grand Chef Matthew Coon déclara : « La destruction de nos terres de chasse et de toutes les rivières du nord-ouest du Québec mettra un terme à notre mode de

▲ *Le projet hydroélectrique de la baie James, dans le nord du Québec, a englouti des milliers de kilomètres carrés de territoires de chasse utilisés par les Cris. Aujourd'hui, ces derniers sont menacés par le projet « Baie James phase II », qui doit inonder la plupart des terres intactes, ce qui mettrait fin à leur mode de vie.*

La mine de Black Mesa

Une exploitation importante se trouve à Black Mesa, en Arizona, où la compagnie *Peabody Coal* a établi la plus grande mine à ciel ouvert du monde sur des terres appartenant aux peuples hopi et navaho.

Des milliers de Hopis et de Navahos conservateurs s'y sont opposés. Comme l'expliquaient des anciens de la tribu hopie: «La terre des Hopis est gérée de manière spirituelle pour le Grand Esprit Massau'u... La région que nous nommons Tukunavi [qui comprend Black Mesa] est une partie du cœur de notre mère la terre... La terre est sacrée et, si le sol est meurtri, le caractère sacré de notre mode de vie disparaîtra, ainsi que toutes les formes de vie.»

Malgré ces avertissements, le bureau des Affaires indiennes (B.I.A.) a autorisé l'ouverture de la mine. Celle-ci, véritable désastre écologique, a eu un effet dévastateur sur les Navahos et les Hopis. Elle pollue, détruit les plantes et empoisonne des millions de litres d'eau.

▲ *Un Navaho. Plusieurs tribus, dont les Navahos, sont affectées par des projets d'extraction minière sur ou à proximité de leurs terres. Les mines sont source de pollution et de problèmes de santé. De nombreux autochtones s'opposent à ces exploitations parce qu'elles détruisent la planète.*

vie de chasse et de pêche. Cela mettra fin au lien spirituel que partage mon peuple avec ses terres depuis les cinq derniers millénaires.»

L'extraction minière

L'extraction minière affecte de nombreuses communautés amérindiennes. Certaines régions qui semblaient sans valeur à la fin du 19e siècle, lorsqu'elles furent reconnues comme réserves, ont plus tard révélé de riches gisements de pétrole, de charbon ou de minerai comme l'uranium.

Les conseils de certaines tribus, comme les Navahos de l'Arizona et du Nouveau-Mexique, ont donné l'autorisation aux compagnies de miner et de forer sur leurs terres. Les membres plus conservateurs des tribus s'y opposent souvent, estimant que cela détruit la planète et menace le mode de vie ancestral.

Souvent, les conseils tribaux ont dû céder aux pressions exercées par le bureau des Affaires indiennes (B.I.A.), ou ont accepté l'extraction parce qu'ils n'avaient pas été mis au courant des dommages qu'elle provoquerait. Le B.I.A. a pour objectif de protéger les autochtones. Pourtant, il a parfois conseillé aux tribus de vendre leurs ressources bien en dessous de leur valeur réelle. Il n'est pas non plus parvenu à ce que les compagnies respectent les règlements en matière de protection de l'environnement. La pollution s'est accrue et les problèmes de santé ont augmenté parmi les Navahos et d'autres groupes, où les taux de cancer et de maladie pulmonaire sont élevés.

L'extraction minière nécessite par ailleurs des millions de litres d'eau par an. Dans le Sud-Ouest, les nappes d'eau souterraines, qui existent depuis des millénaires, risquent de se tarir.

Malgré ces problèmes, les compagnies minières veulent développer leurs exploitations. Récemment, près de 10 000 Navahos ont été expulsés de leurs terres parce que la compagnie *Peabody Coal* souhaite ouvrir un site d'extraction.

▲ *Ces Innus du Nord canadien protestent contre l'utilisation de leurs terres pour des activités militaires. Ils agitent ici le drapeau innu.*

L'exploitation forestière et pétrolière

Certaines tribus, dont les Haidas et les Cris au nord et à l'ouest du Canada, voient leurs territoires gravement touchés par les exploitations pétrolières et forestières. Celles-ci, souvent établies sur des terres tribales qui n'ont jamais été vendues ni cédées au gouvernement, détruisent le mode de vie traditionnel des tribus: elles mettent à nu de vastes étendues de forêt et font fuir le gibier dont ont toujours dépendu les autochtones.

Les Cris du lac Lubicon

Les Cris du lac Lubicon, dans la province d'Alberta, au Canada, ont été victimes des forages pétroliers et de l'exploitation forestière. Pourtant, ils n'ont jamais signé de traité donnant leurs terres au gouvernement canadien. Jusqu'en 1979, la plupart d'entre eux ont vécu de la chasse et du piégeage, comme autrefois.

Les compagnies pétrolières ont alors commencé à explorer leur territoire. Dès 1982, plus de 400 puits avaient été forés dans un périmètre de 25 km autour des premières installations. Peu après, le gouvernement de la province d'Alberta loua une vaste étendue des territoires cris à la compagnie forestière Daishowa.

Du fait de leurs exploitations, ces compagnies forestières et pétrolières ont fait fuir le gibier. Aujourd'hui, 90% des Cris de la région dépendent des allocations gouvernementales (contre 10% en 1979) et sont confrontés à de terribles problèmes sociaux.

Les activités militaires

Les Amérindiens ont peu d'influence politique et leurs terres sont souvent isolées et peu peuplées. Dès lors, les gouvernements canadien et américain utilisent parfois à des fins militaires des régions où vivent les autochtones.

Aux États-Unis, une des communautés les plus touchées fut celle des Shoshones de l'ouest du Nevada. Après la Seconde Guerre mondiale, le gouvernement prit une grande partie de leur territoire ancestral pour y établir un centre d'essais d'armes nucléaires. Depuis, des centaines d'armes ont été testées, générant une pollution incroyable et mettant fin au mode de vie traditionnel de la tribu.

Au Canada, les Innus du Labrador et du Québec sont menacés parce que leurs territoires de chasse ancestraux sont utilisés pour l'entraînement des aviateurs. Des jets de diverses forces aériennes de l'O.T.A.N. volent à des vitesses supersoniques à quelques mètres du sol, effrayant les autochtones et le gibier.

Les droits territoriaux

De nombreux autochtones luttent encore pour leurs terres. Aux États-Unis, des tribus comme celles des Sioux et des Shoshones se battent pour regagner les millions d'hectares de territoire que le gouvernement leur a pris illégalement.

« En peu d'années, nous avons été totalement dépouillés de notre terre et privés de nos libertés. Le contrôle de cette terre, qui a vu naître notre peuple il y a des milliers d'années, nous a été dérobé. Aujourd'hui, on ne fait pas attention à nous, c'est comme si nous n'existions pas. On nous a forcés à rester à un endroit, dans un village, ce qui revient à nous séparer de tout ce qui donne un sens à notre vie. Cela signifie aussi qu'en quelques années, alors que nous étions un des peuples les plus indépendants du monde, nous sommes désormais devenus un des plus dépendants. » (Grégoire Rose, Innu.)

◀ À l'occasion de la marche des Traités rompus, en 1972, Russell Means, un chef de tribu, porte une boucle d'oreille munie d'une plume. Cette marche avait pour but d'attirer l'attention sur tous les traités que le gouvernement américain avait signés et ensuite reniés.

Au Canada, le gouvernement essaie de forcer plusieurs groupes, comme les Innus du Labrador et du Québec, à lui céder la majeure partie de leurs terres. Il menace de ne reconnaître leurs droits sur ces terres que s'ils acceptent de les vendre et de s'établir dans des réserves, où ils ne pourront plus vivre selon leur mode de vie traditionnel. Forcés de s'y établir, leurs enfants envoyés dans des écoles, les Innus sont de plus en plus confrontés aux problèmes de violence, d'alcoolisme, d'usage de drogues et de suicide, problèmes touchant les autres peuplades autochtones.

Les droits de chasse et de pêche

Des tentatives ont été menées pour limiter les droits de chasse et de pêche des tribus sur leurs territoires. C'est un grave problème dans des régions comme l'Alaska, le Nord canadien, la côte nord-ouest et la région des Grands Lacs, où les communautés dépendent de la chasse et de la pêche pour se nourrir.

Ces droits sont souvent garantis par des traités signés avec le gouvernement à la fin du siècle dernier. Néanmoins, de nombreux Américains et Canadiens estiment que les autochtones ne devraient plus avoir de droits spéciaux. En général, il s'agit de personnes qui chassent et pêchent pour le plaisir et non

pour se nourrir. Dans certaines communautés, des autochtones ont été arrêtés pour avoir chassé et pêché sur des terres ancestrales. On a dénombré de nombreux cas de violence, comme par exemple à l'encontre de certains Chippewas du Wisconsin.

▲ Pêche traditionnelle sur la côte nord-ouest des États-Unis. Dans de nombreuses régions d'Amérique du Nord, les droits de chasse et de pêche des Amérindiens sont menacés par toutes les personnes qui chassent pour le plaisir et par les compagnies commerciales.

7 Les menaces culturelles

Les autochtones sont aussi confrontés à de nombreuses menaces sur le plan culturel. La plus grande vient peut-être du pays où ils vivent. Les États-Unis et le Canada sont parmi les sociétés les plus riches et les plus puissantes du monde. Inévitablement, les attitudes et le mode de vie de leurs habitants affectent énormément les communautés autochtones, dont les valeurs sont souvent très différentes.

Ainsi, de nombreux Américains et Canadiens estiment que pour réussir dans la vie, il faut travailler beaucoup et gagner un maximum d'argent. Pour eux, plus on est riche et plus on dépense de l'argent pour des biens tels que des maisons luxueuses et des voitures coûteuses, plus on sera respecté.

Pour les autochtones traditionnels, ce raisonnement est faux. Au lieu d'essayer de posséder plus que les autres, il faut partager ce que l'on a avec le reste de la communauté. Comme le déclarait George Manuel de la tribu shuswap, dans la Saskatchewan: «Dans notre culture, plus on donne, plus on est riche.»

Le conflit entre ces deux points de vue pose un gros problème pour de nombreux autochtones qui souhaitent préserver leurs propres valeurs alors que la société qui les entoure les soumet à une énorme pression afin qu'ils deviennent plus «Américains» ou «Canadiens».

Le racisme

Dans certaines régions, surtout dans le Sud-Ouest et dans les plaines où ils vivent en grand nombre, les autochtones sont confrontés au racisme. Les Américains témoignent peu de compréhension pour leur culture et les décrivent comme des personnes paresseuses, alcooliques et sales. Ce racisme mène parfois à la violence, voire au meurtre. Ainsi, en 1972, Raymond Yellow Thunder, un Lakota, fut déshabillé puis forcé de danser devant un groupe de vétérans ivres de l'armée américaine; il fut finalement assassiné.

En raison de cette attitude à leur égard, de nombreux Amérindiens se sentent mal à l'aise lorsqu'ils rejoignent d'autres communautés. Parfois, ils réagissent en se saoulant. L'alcool est interdit dans les réserves et les autochtones les quittent souvent pour boire, ce qui accroît encore les préjugés des Américains.

▲ Les valeurs et les richesses de certaines sociétés non amérindiennes contrastent de manière saisissante avec celles des communautés autochtones.

▲ *Jeune Jicarilla, de la nation apache, dans une classe d'une école catholique d'Albuquerque*

Non seulement le racisme blesse les Amérindiens, mais il diminue encore la confiance qu'ils ont en eux. Certains en viennent à penser qu'il y a quelque chose de mauvais dans leur culture et qu'ils ne seront acceptés par les Américains que s'ils adoptent leurs valeurs.

L'éducation

De tout temps, les gouvernements américain et canadien ont eu recours à l'éducation pour affaiblir et détruire la culture amérindienne. Entre 1880 et 1960, les enfants étaient envoyés dans des pensionnats stricts, de type militaire, afin de devenir de parfaits Américains ou Canadiens. Ils étaient violemment punis lorsqu'ils parlaient leur propre langue et on leur apprenait à mépriser leur peuple.

▲ *Pensionnat pour jeunes autochtones en 1915. Les enfants étaient enlevés à leur famille et placés dans de telles écoles, où beaucoup mouraient.*

La législation Nixon

Bien que restée dans l'histoire comme une époque de corruption et de malhonnêteté de la part du gouvernement, la présidence de Richard Nixon permit l'adoption de lois importantes pour les Amérindiens. Parmi les mesures les plus significatives, il faut noter celle qui donne aux autochtones le droit de créer leurs propres écoles. Ces dernières enseignent aux enfants leur propre culture et les croyances ancestrales, en plus des connaissances communes à tous les jeunes Américains.

Ce système d'éducation fit des ravages dans les communautés autochtones. Des familles furent brisées et des milliers d'enfants moururent de maladie, de brutalité ou de désespoir. S'ils tentaient de s'enfuir, ils étaient poursuivis et repris, tels des animaux sauvages.

Plusieurs langues et cultures furent presque détruites. Les enfants étant éloignés de leur foyer, leur famille ne pouvait leur transmettre les histoires et croyances ancestrales. Lorsqu'ils revenaient enfin dans les réserves, ils ne parlaient que l'anglais et ne pouvaient plus communiquer avec leur famille. Il n'est pas surprenant que nombre d'entre eux ont fini par ne plus savoir qui ils étaient ni à quelle communauté ils appartenaient.

Aujourd'hui, les pensionnats ont pour la plupart disparu, mais les enfants sont toujours incertains quant à leur identité. La majorité des leçons se déroulent en anglais et les jeunes Amérindiens apprennent les mêmes matières que les enfants américains. Chaque matin, ils doivent prêter allégeance au drapeau américain. On leur apprend à respecter des gens comme Andrew Jackson, qui fut président des États-Unis de 1828 à 1837, alors qu'il essaya d'anéantir les autochtones.

Les missionnaires

Les missionnaires chrétiens furent l'une des menaces les plus sérieuses envers la culture autochtone. Les gouvernements américain et canadien leur octroyèrent des pouvoirs immenses sur les réserves, y compris celui de diriger des pensionnats. Des cérémonies comme la danse du Soleil et le potlatch furent interdites. Les gens qui n'allaient pas à l'église ou empêchaient leurs enfants d'aller dans les écoles des missions étaient punis, parfois même emprisonnés.

Depuis 30 ans, la situation a commencé à changer. Certains missionnaires catholiques et épiscopaliens (anglicans) se sont montrés plus tolérants envers la religion des Amérindiens. Certains participent même régulièrement aux rituels comme celui de la purification.

Cependant, au même moment, des églises chrétiennes, comme l'Église de la Pentecôte et les Adventistes du Septième Jour, devinrent plus actives dans les réserves. Leurs missionnaires adoptèrent souvent les idées chrétiennes démodées selon lesquelles les religions des autochtones étaient vouées à l'adoration du démon. Là où leur influence est forte, ces missionnaires ont un effet destructeur sur les communautés, affaiblissant leur culture.

La télévision

Aujourd'hui, même les communautés autochtones les plus isolées ont la télévision. Beaucoup estiment qu'elle menace leur culture au même titre que les pensionnats.

◄ *Charpentes de « saunas » à Bear Butte, lieu sacré lakota dans le Dakota du Sud. Ces saunas sont utilisés par les autochtones conservateurs pour leurs rituels de prière et de purification. Bien que les missionnaires chrétiens aient essayé de détruire la religion des autochtones, des milliers de jeunes reviennent aux croyances ancestrales.*

▲ *Maison d'une réserve navaho, en Utah. Dans les réserves, les autochtones doivent parfois vivre dans des maisons sans eau courante ni électricité.*

De nombreuses communautés autochtones sont trop petites et trop pauvres pour posséder leur propre station de télévision. Les programmes reçus sont surtout américains et canadiens; ils enseignent aux enfants à parler anglais plutôt que leur propre langue et à voir le monde avec des yeux différents. Un chef oglala se souvient: « Lorsque j'étais enfant, je regardais souvent les westerns. C'était un vrai lavage de cerveau. J'applaudissais la cavalerie américaine et non les Indiens. »

Par la télévision, les enfants découvrent un mode de vie très différent du leur et ils apprennent à le considérer comme normal. Cela les incite à demander des choses qui s'opposent souvent à leur propre culture et que leur famille ne peut leur offrir.

L'assistance sociale

Forcés de s'établir dans de petites réserves, la plupart des Amérindiens sont dans l'impossibilité de vivre d'activités traditionnelles comme la chasse. Sans autres ressources, la plupart d'entre eux ont fini par dépendre de l'aide sociale du gouvernement. Dans certaines familles, les allocations sont la seule source de revenus depuis quatre générations.

Cette dépendance a eu un effet terrible et est l'une des causes principales des problèmes sociaux dans bien des tribus: degré de violence élevé, suicide, division familiale et alcoolisme. Les gens qui ne peuvent travailler pour gagner de quoi vivre perdent souvent leur fierté. Ils ont l'impression de ne plus contrôler leur vie et perdent l'espoir de réussir ou d'être respectés. Ils se sentent enfermés dans un cercle vicieux de pauvreté et de désespoir et se tournent alors vers l'alcool et les drogues comme moyen d'évasion.

8 Les stéréotypes

De nombreux autochtones estiment que le plus gros problème auquel ils sont confrontés reste l'image que les autres se font d'eux.

Dès le début, les autres ethnies ont essayé d'adapter les Amérindiens à leur propre vision du monde. La première erreur fut commise par Colomb car il ne réalisa pas qu'il avait atteint un nouveau continent. Il s'imaginait être sur la côte est de l'Asie et nomma « Indiens » les habitants qui y vivaient.

Le « bon sauvage »

Pour les explorateurs et les marchands européens, les autochtones semblaient vivre au paradis. Leurs sociétés semblaient ne connaître ni la pauvreté, ni la violence, ni la maladie. Les Amérindiens vivaient en paix et avaient assez de nourriture pour tous. Les étrangers furent bien accueillis. « Ces gens sont si pacifiques, écrivait Colomb, que je jure... qu'il n'existe pas une meilleure nation sur terre. »

« Sont-ils humains ? »

Certains des premiers explorateurs estimaient que les Amérindiens n'étaient pas vraiment humains. Ils les prenaient pour des animaux intelligents, démunis d'âme et devant être massacrés comme des bêtes sauvages. Pour cette raison, des centaines de milliers d'Amérindiens furent tués sur l'ensemble du continent américain.

En 1537, le pape, chef de l'Église catholique romaine à laquelle appartenaient la plupart des Européens, décréta que les autochtones étaient humains et devaient être respectés. Cependant, de nombreux colons continuèrent à penser que les indigènes étaient des animaux et devaient être exterminés. Au 20e siècle encore, des Amérindiens ont été chassés et tués pour le plaisir.

Ces impressions firent rapidement germer l'idée que les Amérindiens étaient des « bons sauvages », vivant en harmonie avec la nature et entre eux, et ne devant pas travailler. Cer-

◀ Les Amérindiens ont souvent été considérés comme des « bons sauvages » : pacifiques, calmes et vivant en harmonie avec la nature.

De nombreux artistes du 19ᵉ siècle représentaient les autochtones comme des sauvages inhumains, ce qui justifiait le vol de leurs terres. En fait, comme le montre ce dessin datant de 1873, ce sont souvent les Américains qui étaient les plus « sauvages ». ▶

tains les méprisaient parce qu'ils n'étaient pas « civilisés », mais d'autres les enviaient pour leur mode de vie simple et naturel.

Le « sauvage sanguinaire »

Lorsque les colons arrivèrent et que les autochtones commencèrent à se battre pour leurs terres, les Européens changèrent d'opinion. Ils les virent comme des « sauvages sanguinaires » qui tuaient et torturaient des femmes et des enfants innocents.

Parfois, effectivement, les autochtones massacrèrent des communautés de colons, mais, souvent, ce fut en réponse à une attaque. La plupart du temps, ce sont les colons qui ont exterminé les autochtones. De nombreux colons ne considéraient pas qu'il s'agissait d'êtres humains essayant simplement de protéger leurs terres et leur famille. Au contraire, ils estimaient qu'ils ne valaient guère plus que des animaux sauvages et que le seul moyen de traiter avec eux était de les tuer.

▲ *Affiche du* Wild West Show *en 1913. Des spectacles tels que celui-ci étaient très populaires et donnaient aux gens l'image que tous les Amérindiens étaient des guerriers féroces se déplaçant toujours à cheval et portant des coiffes de plumes.*

Le Wild West Show

Il y a environ cent ans, Buffalo Bill Cody, un Américain, créa le fameux *Wild West Show*, un spectacle ressemblant au cirque. Des centaines de « cow-boys » et d'« Indiens » feignaient de s'affronter à cheval.

La plupart des « Indiens » du spectacle étaient des Lakotas – comme le fameux chef Sitting Bull – qui avaient été emprisonnés durant les guerres des Plaines. En acceptant d'apparaître avec Buffalo Bill Cody, ils purent quitter leur réserve où ils étaient maintenus prisonniers et où ils n'avaient souvent pas assez de nourriture pour eux et leur famille.

Cody fit voyager son spectacle dans toute l'Amérique et en Europe. Grâce à la photographie et aux premiers films, cette représentation des autochtones devint familière dans le monde entier. Des millions de personnes crurent que tous les autochtones ressemblaient aux cavaliers lakotas de Cody: des guerriers grands et silencieux juchés sur leurs chevaux, arborant des coiffes de plumes et ayant une arme à feu à la main.

Les Indiens d'Hollywood

Hollywood est la capitale de l'industrie cinématographique américaine. Au fil des années, des centaines de westerns y ont été produits.

De nombreux westerns montrent les autochtones combattant des colons et des soldats américains. Seuls quelques films ont essayé de reproduire une image réelle des Amérindiens et d'expliquer pourquoi des combats avaient eu lieu. Dans la plupart des vieux films, les rôles des « Indiens » sont souvent joués par des acteurs blancs parlant l'anglais, plutôt que par des Sioux, par exemple.

Ces westerns ont renforcé l'image du « sauvage sanguinaire ». On voit en effet les autochtones attaquer des colons, kidnapper des enfants et torturer des prisonniers. Rares sont les films où on les présente comme des « bons sauvages ». *Danse avec les loups*, sorti sur les écrans en 1990, dépeint les Lakotas comme des gens naturels, détruits par le développement de la civilisation européenne.

Ces images hollywoodiennes sont très fortes et beaucoup s'attendent à ce que les autochtones ressemblent aux acteurs des films. Parfois, les gens qui visitent une réserve arrêtent un autochtone en vêtements modernes et demandent : « Où sont les Indiens ? » Les Américains s'éveillant à la protection de la nature, certains sont partis dans des communautés autochtones à la recherche d'un mode de vie naturel. Ils ont été déçus de voir que la plupart vivent aujourd'hui dans des maisons et regardent la télévision.

Les Amérindiens pensent que les idées préconçues empêchent les autres ethnies de reconnaître les problèmes auxquels ils font face aujourd'hui. Comme le dit Suzann Shown Harjo, dirigeante politique des tribus creek et cheyenne du Sud : « Le problème est que les gens pensent toujours à nous au passé. »

◄ *Femme et enfant navahos. Bien que les indigènes ne puissent plus vivre comme il y a 150 ans, la plupart des autres ethnies américaines imaginent qu'ils vivent toujours comme autrefois, en raison des stéréotypes véhiculés par les films ou la littérature.*

La résistance des Amérindiens

Depuis cinq siècles, les Amérindiens ont utilisé divers moyens pour se défendre et pour défendre leurs terres et leur culture.

Une guerre totale

Dans le passé, bien des tribus ont combattu contre les colons et les soldats. Des tribus comme les Lakotas et les Cheyennes des plaines, les Séminoles en Floride et les Nez-Percés dans le Nord-Ouest ont résisté des mois, voire des années, même lorsqu'elles étaient peu armées et en moins grand nombre. Des guerriers, tels que Red Cloud, Crazy Horse (des Oglalas) et Chief Joseph (un Nez-Percé), furent de grands chefs et méritèrent le respect de leur peuple et des soldats qui les combattirent.

Les organisations politiques

En 1944, des autochtones fondèrent aux États-Unis le Congrès national des Indiens d'Amérique (N.C.A.I.) afin de lutter pour leurs droits politiques. Depuis, plusieurs autres organisations politiques ont été formées, dont le mouvement des Indiens d'Amérique (A.I.M.). L'A.I.M. a organisé diverses manifestations afin d'attirer l'attention sur les problèmes des autochtones, comme la marche des Traités rompus, en 1972. Des milliers d'autochtones venant de tout le pays se rendirent au bureau des Affaires indiennes, à Washington, pour y manifester.

Au Canada, les autochtones sont représentés par l'assemblée des Premières Nations, ainsi que par de puissants groupes représentant les régions et chaque nation.

Tecumseh

Un des plus grands chefs de guerre fut Tecumseh, un chef shawnee. Au début du 19e siècle, il réalisa que les autochtones perdraient leurs dernières terres s'ils n'empêchaient pas les colons d'aller vers l'ouest. Il tenta d'unir toutes les tribus survivantes en une grande alliance contre les envahisseurs.

Au début, il y réussit. Des membres de 32 tribus différentes se joignirent à lui et il reçut même de l'aide des Britanniques. Finalement, ces derniers l'abandonnèrent et il fut tué lors d'une bataille en 1813.

Des batailles légales

Des tribus, au Canada et aux États-Unis, ont lutté devant les tribunaux pour protéger leurs droits. Certaines ont réussi. Ainsi, les Passamaquoddys et les Pénobscots, dans le Maine, ont regagné 12 141 hectares de terres et obtenu 27,5 millions de dollars.

Pour d'autres peuples, la lutte continue. Les Oglalas et les autres tribus sioux tentent toujours de regagner les Black Hills du Dakota du Sud, plus de cent ans après que le gouvernement leur eut volé la région. En 1980, ils se virent offrir 105 millions de dollars de compensation. Ils refusèrent, déclarant que les Black Hills étaient sacrées et non à vendre.

Les campagnes

Au Canada et aux États-Unis, des groupes tentent d'empêcher l'installation sur leurs terres d'exploitations nuisibles en rendant publics leurs problèmes et en demandant l'aide des peuples d'Amérique du Nord et de l'Europe.

Ainsi, les Navahos traditionnels font campagne pour empêcher l'expansion d'une mine de charbon de la compagnie britannique Hanson à Forest Lake, en Arizona. En 1990, un groupe de Navahos se rendit à Londres pour se plaindre du projet. Ils expliquèrent qu'en plus des problèmes de pollution et de santé, la mine détruirait certains sites sacrés et mettrait en péril leur élevage de moutons.

Au Québec, le Grand Conseil cri a tenté de stopper le projet de la baie James qui menace d'inonder les terres de sa tribu. À la suite de sa campagne, la *New York Power Authority* a abandonné ses projets d'acheter de l'électricité à la compagnie qui devait construire le barrage, Hydro-Québec.

L'éducation

Aux États-Unis, depuis les années 70, des tribus ont pu reprendre la gestion des écoles de leur réserve et ouvrir leurs propres écoles secondaires.

De nombreux groupes utilisent ce nouveau pouvoir pour tenter de réparer certains des dégâts provoqués par le système éducatif. Dans certaines écoles, les enfants apprennent

---

Les Innus, le Canada et l'O.T.A.N.

Dans les années 80, les Innus apprirent que le Canada voulait établir une base aérienne de l'O.T.A.N. à Goose Bay, dans le Labrador. Ils réalisèrent que cela augmenterait le nombre de vols militaires au-dessus de leurs terres (voir page 28) et rendrait leur mode de vie traditionnel impossible.

Un groupe de femmes innues lança un mouvement de protestation contre le projet. À plusieurs reprises, elles entrèrent dans la base canadienne de Goose Bay et bloquèrent la piste pour empêcher les avions d'atterrir et de décoller. Des centaines d'entre elles furent arrêtées et emprisonnées.

En 1990, l'O.T.A.N. annonça que la nouvelle base ne serait pas construite. Les Innus continuèrent à faire campagne pour stopper les vols militaires sur leur territoire et pour la reconnaissance de leurs droits territoriaux.

▲ *Jeunes Cris apprenant les techniques traditionnelles de confection de raquettes*

leur langue, leur histoire et leurs traditions, aussi bien que l'anglais et les mathématiques.

Les écoles offrent aussi des cours de culture traditionnelle, où les anciens transmettent leurs connaissances aux jeunes, ainsi que des cours tels que l'informatique.

Dans de grandes villes comme Minneapolis, où vivent des milliers d'autochtones, il existe des écoles où les enfants apprennent leurs propres valeurs et croyances.

Le renouveau culturel

Durant la majeure partie du 19ᵉ siècle, les gouvernements américain et canadien ont tenté en vain de détruire la culture des Amérindiens. Dans les tribus, les traditionnels ont connu les privations, l'emprisonnement, voire la mort, afin de pouvoir exercer leurs croyances et leurs pratiques. Dans certaines communautés, ils pratiquaient leurs rituels et cérémo-

---

Le siège de Wounded Knee

En février 1973, des Oglalas et des membres du mouvement des Indiens d'Amérique occupèrent le village de Wounded Knee (site d'un massacre en 1890), dans la réserve de Pine Ridge. Ils établirent un gouvernement tribal traditionnel et demandèrent que les États-Unis reconnaissent les droits des Sioux repris dans le traité de Fort Laramie de 1868.

Ils furent encerclés par plus de 300 policiers et soldats armés et deux des leurs furent abattus, mais ils purent tenir 71 jours. Bien que le gouvernement n'ait pas accepté toutes leurs réclamations, le siège attira l'attention du public sur les problèmes des autochtones et permit des changements à Pine Ridge.

nies à l'insu des missionnaires et des représentants gouvernementaux.

Au cours des trente dernières années, des milliers d'autochtones sont revenus à leurs traditions. Beaucoup sont des jeunes dont les parents avaient quitté les réserves dans les années 50 et 60. Ayant grandi dans de grandes villes et réalisé qu'ils n'étaient pas comme les autres Américains et Canadiens, ils

souhaitent désormais découvrir leurs racines.

Le plus grand changement est probablement le retour à la religion ancestrale. De nombreux Amérindiens reconnaissent que leur identité est basée sur la relation spirituelle avec la terre. Les chefs spirituels ont travaillé durement pour préserver et transmettre leur culture et ont ramené des milliers de jeunes aux croyances et cérémonies ancestrales.

10 L'avenir

Quel est l'avenir des autochtones? Après 500 ans de destruction, seront-ils capables de survivre au cours du prochain siècle et au-delà?

Le retour d'une race au bord de l'extinction

Beaucoup d'Américains et d'Européens ont toujours considéré les Amérindiens comme une race qui finirait par s'éteindre devant l'avance de la civilisation européenne. Il y a cent ans, c'est exactement ce qui semblait se produire. La population autochtone comptait moins de 400 000 individus. Certains prédirent alors que les Amérindiens auraient disparu à la fin du 20e siècle.

Au lieu de cela, au Canada comme aux États-Unis, la population autochtone a connu un regain. Aujourd'hui, elle a presque décuplé par rapport à 1890 et, malgré les problèmes de santé, elle continue de s'accroître à un rythme plus élevé que n'importe quel autre groupe ethnique d'Amérique du Nord.

▲ *Danseurs lors du pow-pow de la nation oglala. Les pow-wow se déroulent chaque été dans de nombreuses régions de l'Amérique du Nord. Ils renforcent la culture des Amérindiens et rassemblent des gens qui vivent d'ordinaire séparés dans les réserves.*

Garder les terres

L'avenir des autochtones dépendra en partie de l'attitude des autres ethnies à leur égard. Pour que les communautés autochtones soient sécurisées et se développent, Américains et Canadiens devront accepter qu'elles puissent vivre différemment.

Les gouvernements des deux pays doivent donc reconnaître les droits des Amérindiens sur les terres, l'eau et les ressources. Des groupes ayant toujours un mode de vie traditionnel doivent pouvoir garder leur territoire.

▲ *Paysage de la réserve des Taos, au Nouveau-Mexique. Si les autochtones veulent survivre, ils doivent réussir à préserver les terres et les ressources qui leur restent.*

D'autres tribus ont besoin d'être aidées pour vivre sur un territoire plus petit.

Les Amérindiens formant une minorité et ayant peu d'influence politique, ils doivent obtenir l'aide d'autres ethnies dans leur lutte pour leurs droits. Plusieurs organisations américaines et européennes apportent leur soutien aux campagnes des autochtones.

Le droit à la différence

Les Amérindiens veulent pouvoir être différents sans rester figés dans le passé. Comme le dit un Cherokee: «Les gens pensent que nous ne sommes des autochtones que si nous pensons ou agissons comme nos ancêtres d'il y a 200 ans. Pourtant, vous ne ressemblez pas à vos ancêtres et cela ne vous rend pas moins américain ou européen. Alors pourquoi ne serions-nous pas des Cherokees simplement parce que nous portons des jeans?»

Bien des Amérindiens estiment pouvoir utiliser la technologie moderne pour affirmer leur culture. Ainsi, dans certaines écoles de Pine Ridge, des ordinateurs enseignent le travail des perles aux jeunes Oglalas.

Comme le déclare Robert Grey Eagle, vice-président du collège de la communauté oglala: «Nous devons préserver le meilleur du passé et, en même temps, accepter le meilleur du monde extérieur.»

L'importance de la survie

De nombreux autochtones pensent qu'il est vital pour leur culture de survivre non seulement pour eux-mêmes, mais aussi pour les autres. Ils croient que les Américains et les Européens risquent de détruire la planète avec le développement économique et la pollution, et que les gens peuvent tirer un enseignement de leurs attitudes et de leurs croyances en matière d'environnement.

Charlotte Black Elk, une Oglala vivant à Pine Ridge, explique: «Dans nos prières, nous ne prions pas que pour nous. Tout ce qui grandit et bouge, qui a deux ou quatre pattes, qui vole, tous sont présents et nous prions pour eux parce qu'ils existent et veulent vivre. Ainsi, notre lutte pour garder notre religion et les Black Hills ne concerne pas que nous. Nous luttons pour que la Création puisse vivre, que les gens puissent vivre ensemble, que la terre elle-même puisse vivre.»

Les prophéties des Amérindiens

De nombreuses tribus font des prophéties. Certaines prévoient un désastre si l'homme n'arrête pas de détruire la terre ainsi que les animaux et les plantes qui y vivent.

Par exemple, une légende oglala – la « prophétie de l'Enfant de Pierre » – dit: «Cent douze ans après que l'homme aura fait fuir l'ours des Black Hills débutera une ère de grands changements, le Jour des Cieux Déchaînés.» Certains Oglalas pensent que cette histoire les met en garde contre une guerre nucléaire ou un désastre écologique.

D'après un Oglala, «il n'y a plus d'ours dans les Black Hills depuis les années 1880. Cela laisse peu de temps pour le réintroduire ».

Glossaire

Adobe Brique rudimentaire à base d'argile mêlée de paille et séchée au soleil

A.I.M. Mouvement des Indiens d'Amérique, organisation radicale luttant pour les droits des autochtones aux États-Unis

B.I.A. Bureau des Affaires indiennes, département du gouvernement américain qui s'occupe de tout ce qui concerne les autochtones

Chaman Personne qui entre en contact avec le monde des esprits. Selon la tradition, le chaman aide à trouver le gibier et guérit les malades.

Colonisation Action de se rendre dans un pays étranger pour prendre la terre des autochtones et pouvoir y vivre soi-même

Grandes Plaines Partie occidentale du Midwest des États-Unis, entre le Mississippi et les montagnes Rocheuses

Hydroélectricité Énergie électrique obtenue par conversion de l'énergie hydraulique des rivières et des chutes d'eau. Souvent, cela implique la construction de barrages et l'inondation de vastes étendues de terres.

Inuit Les Inuits vivent dans les régions arctiques et subarctiques du Canada et de l'Alaska. Ils sont arrivés en Amérique du Nord plus tard que les autres peuples amérindiens (il y a probablement 4 000 ans) et sont souvent appelés erronément Esquimaux.

Mine à ciel ouvert Exploitation minière où le minerai est extrait en enlevant la terre plutôt qu'en creusant des puits souterrains

N.C.A.I. Congrès national des Indiens d'Amérique, la plus grande organisation représentant les Amérindiens aux États-Unis

Potlatch Ensemble de cérémonies marquées par des dons que se font entre eux des groupes sociaux distincts, et qui témoignent d'une rivalité symbolique entre ces groupes. Sur la côte nord-ouest des États-Unis, le chef d'une tribu, ou toute autre personne importante, doit organiser une grande fête au cours de laquelle on chante et on danse, et où tout membre de la communauté doit recevoir des présents.

Pow-wow Rassemblement durant lequel les autochtones portent des costumes traditionnels colorés, chantent et dansent. Les pow-wow durent habituellement plusieurs jours. Ils ont lieu durant l'été dans de nombreuses régions d'Amérique du Nord.

Racisme Idéologie fondée sur la croyance qu'il existe une hiérarchie entre les groupes humains, et attitude d'hostilité systématique à l'égard d'une catégorie de personnes

Réserve Zone de terres où vivent – de plein gré ou non – les communautés autochtones, dont les limites furent souvent définies par les gouvernements américain et canadien

Sauna Bain de vapeur sèche. Selon la tradition, les Amérindiens utilisent un sauna – une petite hutte dans laquelle ils chauffent de l'eau et des pierres afin de produire de la vapeur – pour prier et se purifier.

Tipi Petite tente conique, souvent en peau de bison, utilisée jadis par les tribus des plaines

Totem Poteau de bois sculpté, réalisé par les Amérindiens de la côte nord-ouest des États-Unis. Selon la tradition, le totem doit se trouver en face du tipi et correspondre à l'histoire de la famille qui y vit.

Traité Convention écrite entre deux ou plusieurs États. Les nations autochtones ont passé divers traités avec le gouvernement des États-Unis ou du Canada. En général, elles durent céder la majeure partie de leurs terres en échange de la promesse d'une protection et d'une aide économique.

Wigwam Maison faite de bois ou d'écorce, utilisée traditionnellement par les Amérindiens dans l'est des États-Unis et le sud-est du Canada

Lectures complémentaires
Livres :

F. Bruemmer : *Souvenirs de l'Arctique : ma vie avec les Inuits*, Éditions du Trécarré, Saint-Laurent, 1993.

G. Catlin : *Indiens d'Amérique du Nord*, « Terre indienne », Albin Michel, Paris, 1992.

J. Mailhot : *Au pays des Innus : les gens de Sheshatshit*, « Signes des Amériques », Recherches amérindiennes du Québec, Montréal, 1993.

M. Provost : *Nitakinan, notre territoire*, « Première nation », Graficor, Boucherville, 1993.

D. Simpson : *Wobanaki, la terre de l'aurore*, « Première nation », Graficor, Boucherville, 1993.

Revue :

Rencontre est une publication trimestrielle du Secrétariat aux affaires autochtones du gouvernement du Québec (voir adresse ci-dessous). Réalisée à l'intention des personnes intéressées par les questions autochtones, *Rencontre* diffuse des reportages et des commentaires en provenance des milieux amérindiens, ainsi que de l'information sur les politiques et les programmes du gouvernement du Québec.

Pour de plus amples informations

Musée canadien des civilisations
100, Laurier Street
PO BOX 3100
Stn B, Hull PQ J8X 4H2
CANADA

Gouvernement du Québec
Secrétariat aux affaires autochtones
875, Grande Allée Est, bureau 1.62 B
Québec (Québec) G1R 4Y8
CANADA

Index